Arcadi Juncosa

Quaranta poemes i reflexions d'un cap de setmana

Il·lustracions de
Robert Juncosa

Col·laboradors:

Ignasi Corney Oller

MonTse Baeza

Edició i impressió: BoD – Books on Demand GmbH

info@bod.com.es - www.bod.com.es

Imprès a Alemanya

ISBN: 978-84-137-3115-5

Introducció

Per què quaranta? Perquè l'any que ve faré quaranta anys. Per què poemes i reflexions? Perquè alguns no arriben a poema. I, els altres, ja ve just.

Estava traient llibres d'una caixa, pensant qui voldria que els tingués. I vaig veure, al lloc de sempre, un llibre de l'Àngel Rodríguez, amb els dos que tinc de l'Àngel Custodi. I, d'aquests tres, me'n vaig empassar dos de cop, els de l'Àngel Custodi, que m'agrada més. I em va inspirar.

He decidit que faré un llibre, i que el faré arribar a les persones que són importants per a mi. Serà un viatge per racons de la vida i per pensaments diversos, alguns encara inexistents en aquest instant. Intentaré arribar a quaranta, o bé passar-me una mica, per poder treure la merda més grossa.

No soc gaire ni de llegir ni d'escriure, però sempre està bé poder dir que has escrit un llibre. I, si és veritat, encara millor.

Crec oportú de dir que "haiku d'estiu" i "l'alliberament de l'esclau" són versos escrits fa mesos que he modificat per fer-los encaixar al llibre, ja que penso que hi han de ser. La resta, m'ha aparegut i m'anirà apareixent durant aquest cap de setmana, molt ràpidament, espero que de manera semblant a com m'han aparegut aquelles poques cançons que tenen una mica de forma.

No vull acabar aquesta introducció sense agrair a en Robert la seva predisposició i les seves il·lustracions.

Ja només em queda per dir que, aquest llibre, vull que el tinguis TU.
I que gràcies per tot.

Arcadi Juncosa

Dissabte, dinou de setembre de dos mil vint

haiku d'estiu

Noi que camina
pel bosc veu com desfila
la papallona.

u

Rèiem tan de valent
que ens venia, sovint,
mal de panxa.

dos

Quan l'Elmer va allunyar-se de la seva manada
va deixar tots els elefants amb un pam de nas.

A tu
tant que et preocupa
i, a mi,
tant que m'agrada
la taca
d'aquella dent.

quatre

I nosaltres
que ens pensàvem
que era normal
jugar a tennis
amb camisa
i raquetes
de fusta.
—¡Out!

He comprat
quaranta tacos
i m'han sortit gratis.

sis

Tot i estar patint,
tu m'agrades tant
que estic ben content
del maltractament
de ser el teu amant.

Quan la mosca marxi,
em posaré a dormir.

vuit

Volia fer neteja,
però em va quedar tot
ben empantanegat.

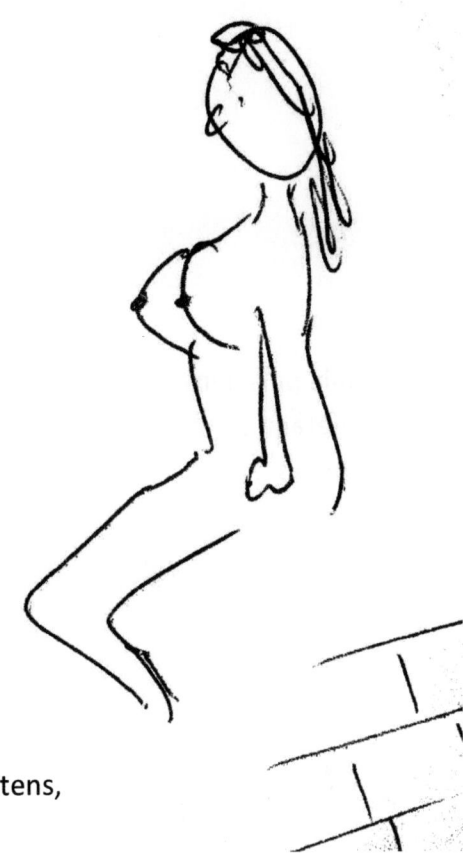

Va ser un mes molt intens,
i tenies uns pits
bonics i suggerents.
Mai te n'has penedit?

deu

La fórmula pels nens:
«una bufetada a temps
i amor intens».

La mare em saluda
i em diu «bon any».
A l'aula, l'alumna
em mira estrany.

dotze

Et vull agrair
l'acompanyament
i l'aparcament.

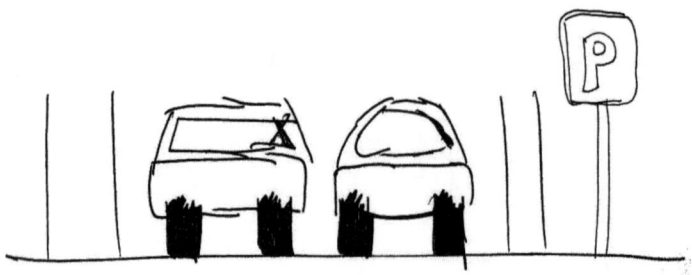

Eres un llop
disfressat de xai
i per això
et vaig dir «me'n vaig».
Tu ploraves
i suplicaves.
Jo, per dins,
ja obria el cava!

catorze

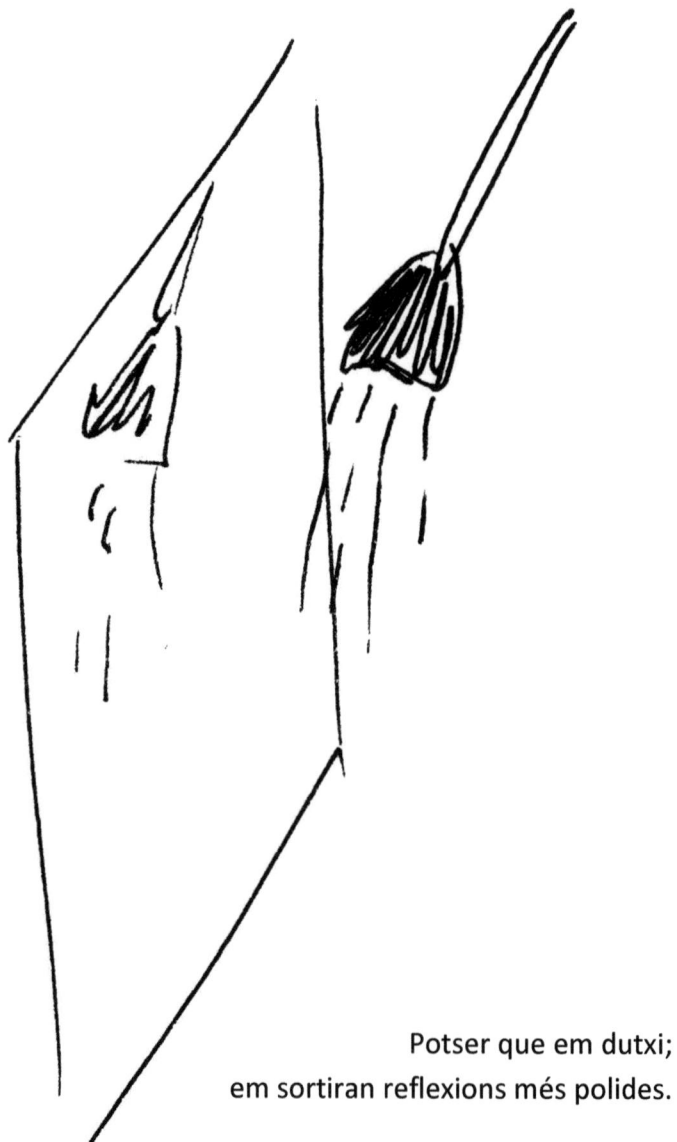

Potser que em dutxi;
em sortiran reflexions més polides.

Era ben boja,
aquella amiga teva,
la dels peus grans.
I l'altra, la que surt a la tele,
està ben sonada.
Pobres nens…

setze

—Fa uns dies que dormo en pilotes, però només de la part de baix.
—I de la part de dalt?
—Com es dorm en pilotes de la part de dalt?
—Ara m'ho faràs pensar!

Em prendria una cervesa
si no fos perquè he d'anar
a la nevera a buscar-la.

Hi feia tanta calor, en aquell obrador,
que el pastisser va acabar obrint la porta del forn.

Quan et decideixis,
serem massa grans
per segons què.

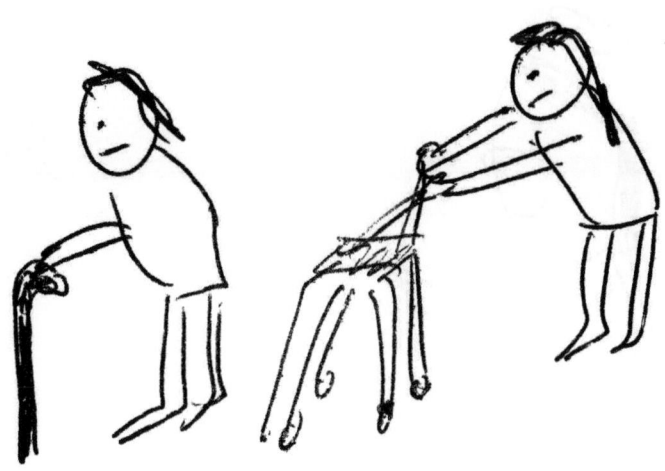

Ja m'ho deia l'Àngel,
que aquella
era una vuitciències!

La veïna crida.
Sembla que la matin.
Truco la policia
o me'n desentenc?

Bé, sembla que han acabat de follar.

vint-i-dos

Si no tens orxata,
un te verd amb gel
i trencaré un plat!

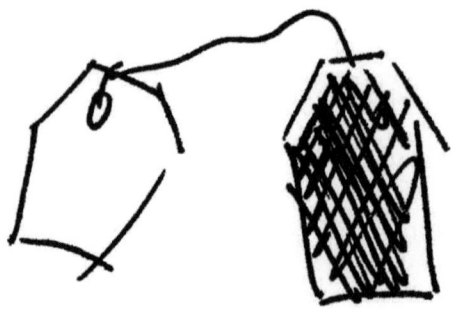

T'agafo la mà
i et somric.
Tu et mires el piercing
del melic.
Però estic tan flipat,
que el teu coeficient
no em té preocupat.

vint-i-quatre

—Mama, tinc mono!

—Beu aigua.

—No m'agrada!

—Beu vi.

—Hi ha un mosquit!

—Veu licor.

—Ai que bo!

—A quina hora passaran els camells?

—Un, dos, tres, quatre, cinc, sis...

vint-i-cinc

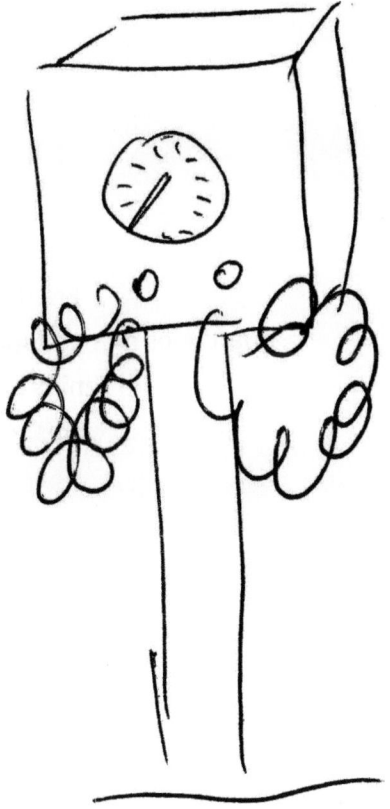

Si inflessis les rodes
aniries més ràpid.

Era millor
quan feies menys esport.
Tenies el cul
més rodó.

Penso en la noia.
Patiment agradable,
la incertesa.

set

Quan la mosca marxi,
em posaré a dormir.

Després de menjar-se
la caixa de «Donuts»
ha vomitat
tots els forats.

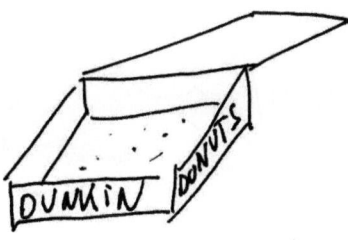

vint-i-nou

Tinc cinc bicicletes i sis guitarres.
I encara me'n falten!

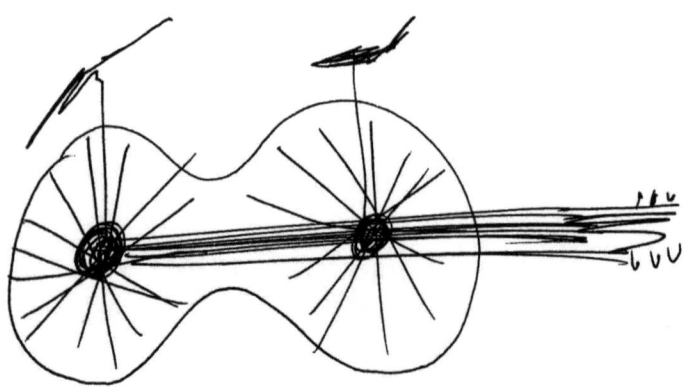

Quan jo era petit,
la mare m'explicava
coses interessants.
I ara, que som grans,
diu el mateix encara
i és ben avorrit...

trenta-u

El dia que feia
la meva comunió,
tu vas celebrar
el teu primer trienni.

Quan vaig entendre què volies,
ja no ho volies.

trenta-tres

Si tu i jo un dia ens trobem,
espero que no ens tirem
els plats pel cap i ens matem.

cos que reposa
xarnera que grinyola
genoll que plora

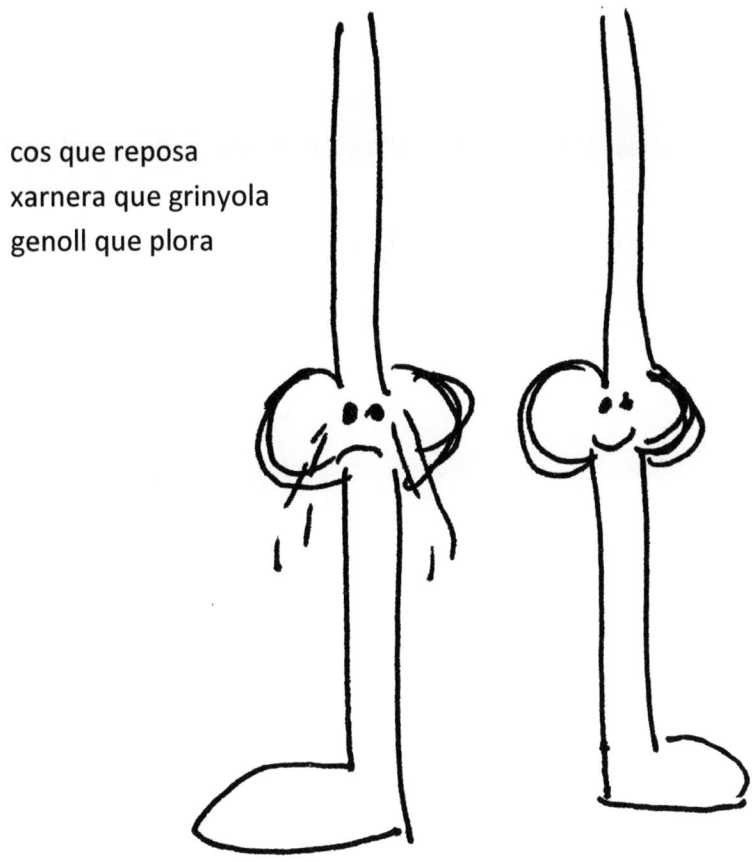

—Què és pitjor, posar-se el dit a l'orella o gratar-se el cul?
—Home, gratar-se el cul.
—D'acord. Llavors, em grataré el cul.

Lo meu,
no m'ho sento meu
i, lo teu,
m'ho sento meu.

De tu, vaig aprendre molt.
Tu no pots pas dir el mateix,
però l'ukelele
et sona prou bé.

—Quan la iaia es mori, heretarem tots els seus diners!
—Que n'ets, de burro!
—Que no té diners, la iaia?

Com vols entendre-ho tu
si no ho entenc ni jo!

Quan hagi matat la mosca,
em posaré a dormir.

l'alliberament de l'esclau

M'has tornat a la vida,
em fas tirar endavant.
M'has tret la deixadesa
d'aquest últim any.
Hauré de fer neteja,
ja no soc un esclau.
El meu passat, per fi,
em deixa en pau.

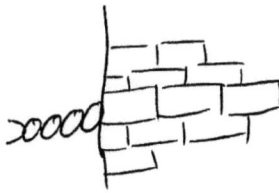